Vorwort

Liebe Leserinnen und Leser,
vielen Dank, dass Sie sich für ein Buch der trainingsunterstützenden Reihe von handball-uebungen.de entschieden haben.

Der Angriff schießt die Tore, die Abwehr gewinnt das Spiel.

Im folgenden Band finden Sie fünf methodisch ausgearbeitete Trainingseinheiten zum Thema Abwehr im Handballspiel. Die individuelle Ausbildung der einzelnen Spieler, sowie das Zusammenspiel in der Mannschaft ist ein wichtiger Baustein für den Erfolg und muss immer wieder wiederholt und vertieft werden.

Wie in allen Bänden von handball-uebungen.de, liegt der Schwerpunkt des Buches in den praktischen Trainingseinheiten, die direkt in ein Training übernommen werden können. Lassen Sie sich inspirieren, wie ein Training mit dem Schwerpunkt auf der Abwehr gestaltet werden kann und bringen Sie auch Ihre eigenen Ideen mit ein. Ein kurzer theoretischer Abriss zur allgemeinen Trainingsplanung führt in das Thema ein und ermöglicht es Ihnen, Trainingseinheiten in ihre Jahresplanung zu integrieren.

Beispielgrafik:

1. Auflage (02. Juni 2012)
Verlag: DV Concept (handball-uebungen.de)
Autoren: Jörg Madinger, Elke Lackner
ISBN: 978-3956411441

handball-uebungen.de
Trainingseinheiten und Übungen für Ihr Training!

Inhalt

1. Kurzer Einblick in die Jahresplanung

Ziele des Trainings

Im **Erwachsenenbereich** wird ein Trainer in der Regel am sportlichen Erfolg (Tabellenplatz) gemessen. Somit richtet sich auch das Training sehr stark nach dem jeweils nächsten Gegner (Saisonziel) aus. Im Vordergrund steht, die Spiele zu gewinnen und die vorhandenen Potentiale optimal einzusetzen.

Im **Jugendbereich** steht die **individuelle Ausbildung** im Vordergrund. Diese ist das erste Ziel, das auch über den sportlichen Erfolg zu setzen ist. Auch sollen die Spieler noch umfassend, d.h. positionsübergreifend ausgebildet werden (keine Positionsspezialisierung, keine Angriffs-/Abwehrspezialisierung).

Jahresplanung

In der Jahresplanung sollten folgende Punkte beachtet werden:
- Wie viele Trainingseinheiten habe ich zur Verfügung (Ferienzeit, Feiertage und den Spielplan mitberücksichtigen)?
- Was möchte ich in diesem Jahr erreichen / verbessern?
- Welche Ziele sollten innerhalb einer Rahmenkonzeption (des Vereins, des Verbands z. Bsp. DHB) erreicht werden? In der Rahmenkonzeption des DHB finden Sie viele Orientierungshilfen für die Themen Abwehrsysteme, individuelle Angriffs-/Abwehrfähigkeiten und dazu, was am Ende welcher Altersstufe erreicht werden sollte.
- Welche Fähigkeiten hat meine Mannschaft (haben meine individuellen Spieler)? Dies sollte immer wieder analysiert und dokumentiert werden, damit ein Soll-/Ist-Vergleich in regelmäßigen Abständen möglich ist.

Jahresplanung

Trainingszyklus

Zerlegung der Jahresplanung in einzelne Zwischenschritte

Grundsätzlich gliedert sich eine Handballsaison in folgende Trainingsphasen:

-   Vorbereitungsphase bis zum ersten Spiel: Diese Phase eignet sich besonders zur Verbesserung der konditionellen Fähigkeiten wie der Ausdauer.
-   1. Spielphase bis zu den Weihnachtsferien: Hier sollte die Weihnachtspause mit eingeplant werden.
-   2. Spielphase bis zum Saisonende.

Diese groben Trainingsphasen sollten dann schrittweise verfeinert und einzeln geplant werden:

-   Einteilung der Trainingsphasen in einzelne Blöcke mit blockspezifischen Zielen (z.B. Monatsplanung).
-   Einteilung in Wochenpläne.
-   Planung der einzelnen Trainingseinheiten.

Trainingszyklus

Trainingseinheit:
→ Aufwärmen
→ Grundübung
→ Grundspiel
→ Zielspiel

Trainingseinheit:
→ Aufwärmen
→ Grundübung
→ Grundspiel
→ Zielspiel

Trainingseinheit:
→ Aufwärmen
→ Grundübung
→ Grundspiel
→ Zielspiel

Trainingseinheit:
→ Aufwärmen
→ Grundübung
→ Grundspiel
→ Zielspiel

Trainingseinheit:
→ Aufwärmen
→ Grundübung
→ Grundspiel
→ Zielspiel

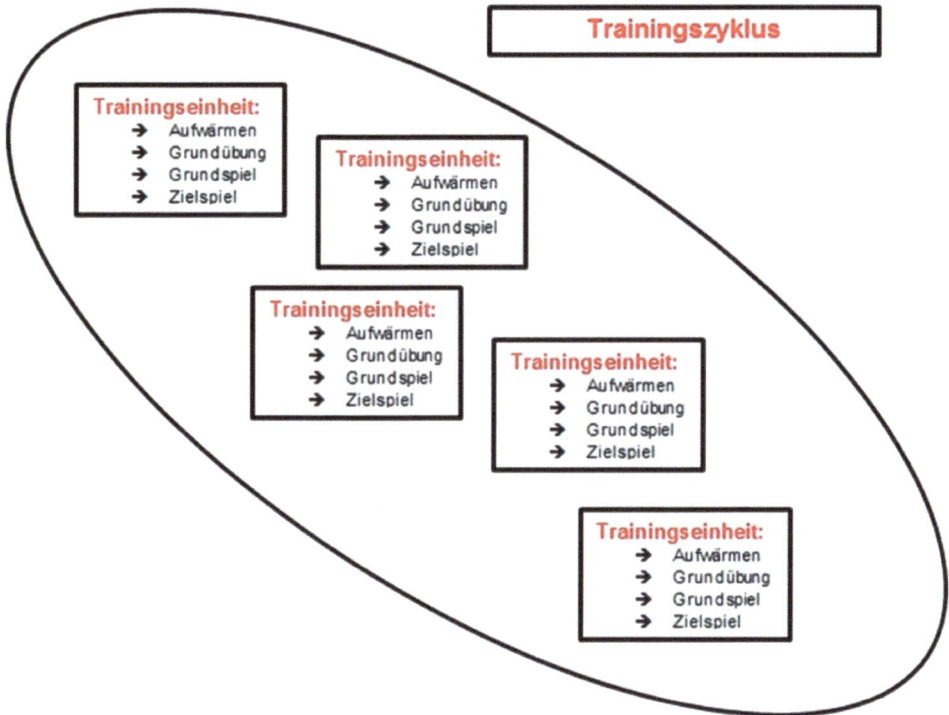

Trainingseinheiten strukturiert aufbauen

Sowohl bei der Jahresplanung als auch bei der Planung der einzelnen Trainingseinheiten sollte eine klare Struktur erkennbar sein:

- Mit Blöcken arbeiten (siehe Monatsplanung): es sollte (gerade im Jugendbereich) über einen Zeitraum am gleichen Thema gearbeitet werden. So können sich Übungen wiederholen und die Abläufe können sich einprägen.
- Jedes Training sollte einen klaren Trainingsschwerpunkt haben. Die Themen sollten innerhalb einer Trainingseinheit nicht gemischt werden, sondern es sollten alle Übungen einem klaren Ziel folgen.
- Die Korrekturen im Training orientieren sich am Schwerpunkt (bei Abwehrtraining wird die Abwehr korrigiert und gelobt).

2. Aufbau von Trainingseinheiten

Der Schwerpunkt des Trainings sollte das einzelne Training wie ein roter Faden durchziehen. Dabei in etwa dem folgenden zeitlichen Grundaufbau (Ablauf) folgen:
- ca. 10 (15) Minuten Aufwärmen
- ca. 20 (30) Minuten Grundübungen (2 bis max. 3 Übungen, plus Torhüter einwerfen)
- ca. 20 (30) Minuten Grundspiel
- ca. 10 (15) Minuten Zielspiel

1. Zeit bei 60 Minuten Trainingszeit / 2. Zeit in Klammer bei 90 Minuten Trainingszeit

Inhalte des Aufwärmens
- Trainingseröffnung: es bietet sich an, das Training mit einem kleinen Ritual (Kreis bilden, sich abklatschen) zu eröffnen und den Spielern kurz die Inhalte und das Ziel der Trainingseinheit vorzustellen.
- Grunderwärmung (leichtes Laufen, Aktivierung des Kreislaufs und des Muskel- und Kochen-Apparats).
- Dehnen/Kräftigen/Mobilisieren (Vorbereitung des Körpers auf die Belastungen des Trainings).
- Kleine Spiele (diese sollten sich bereits am Ziel des Trainings orientieren).

Grundübungen
- Ballgewöhnung (am Ziel des Trainings orientieren).
- Torhüter einwerfen (am Ziel des Trainings orientieren).
- Individuelles Technik- und Taktiktraining.
- Technik- und Taktiktraining in der Kleingruppe.

Grundsätzlich sind bei den Grundübungen die Lauf- und Passwege genau vorgegeben (der Anspruch kann im Laufe der Übung gesteigert und variiert werden).

Hinweise zur Grundübung
- Alle Spieler den Ablauf durchführen lassen (schnelle Wechsel).
- Hohe Anzahl an Wiederholungen.
- Mit Rotation arbeiten oder die Übung auf beiden Seiten gleichzeitig/mit geringer Verzögerung durchführen, damit für die Spieler keine langen Wartezeiten entstehen.
- Individuell arbeiten (1gg1 bis max. 2gg2).
- Eventuell Zusatzaufgaben/Abläufe einbauen (die die Übung komplexer machen).

Grundspiel

Das Grundspiel unterscheidet sich von der Grundübung vor allem dadurch, dass jetzt mehrere **Handlungsoptionen** (Entscheidungen) möglich sind und der/die Spieler die jeweils optimale Option erkennen und wählen sollen. Hier wird vor allem das Entscheidungsverhalten trainiert:

- Das zuvor in den Grundübungen erlernte mit **Wettkampfcharakter** durchführen.
- Mit Handlungsalternativen arbeiten – Entscheidungsverhalten schulen.
- Alle Spieler sollen den Ablauf häufig durchführen und verschiedene Entscheidungen ausprobieren.
- In Kleingruppen arbeiten (3gg3 bis max. 4gg4).

Zielspiel

- Das zuvor Geübte wird nun im freien Spiel umgesetzt. Um das Geübte im Spiel zu fördern, kann mit Zusatzpunkten oder Zusatzangriffen im Falle der korrekten Umsetzungen gearbeitet werden.
- Im Zielspiel wird das Gelernte im Team umgesetzt (5gg5, 6gg6).

Je nach den Trainingsinhalten können die zu erreichenden Ziele eine geringe Änderung im zeitlichen Ablauf von Grundübungen und Grundspielen bedingen (z. Bsp. beim Ausdauertraining, bei dem sie durch Ausdauereinheiten ersetzt werden).

Themenvorgaben

- Individuelle Ausbildung der Spieler nach Vorgabe der Trainingsrahmenkonzeption (DHB oder vereinseigene Konzeption).
- Taktische Spielsysteme in der Abwehr und im Angriff (altersabhängig):
  - o z.B. von der Manndeckung zum 6:0 Abwehrsystem.
  - o z.B. vom 1gegen1 zum 6gegen6 mit Auslösehandlungen im Team.

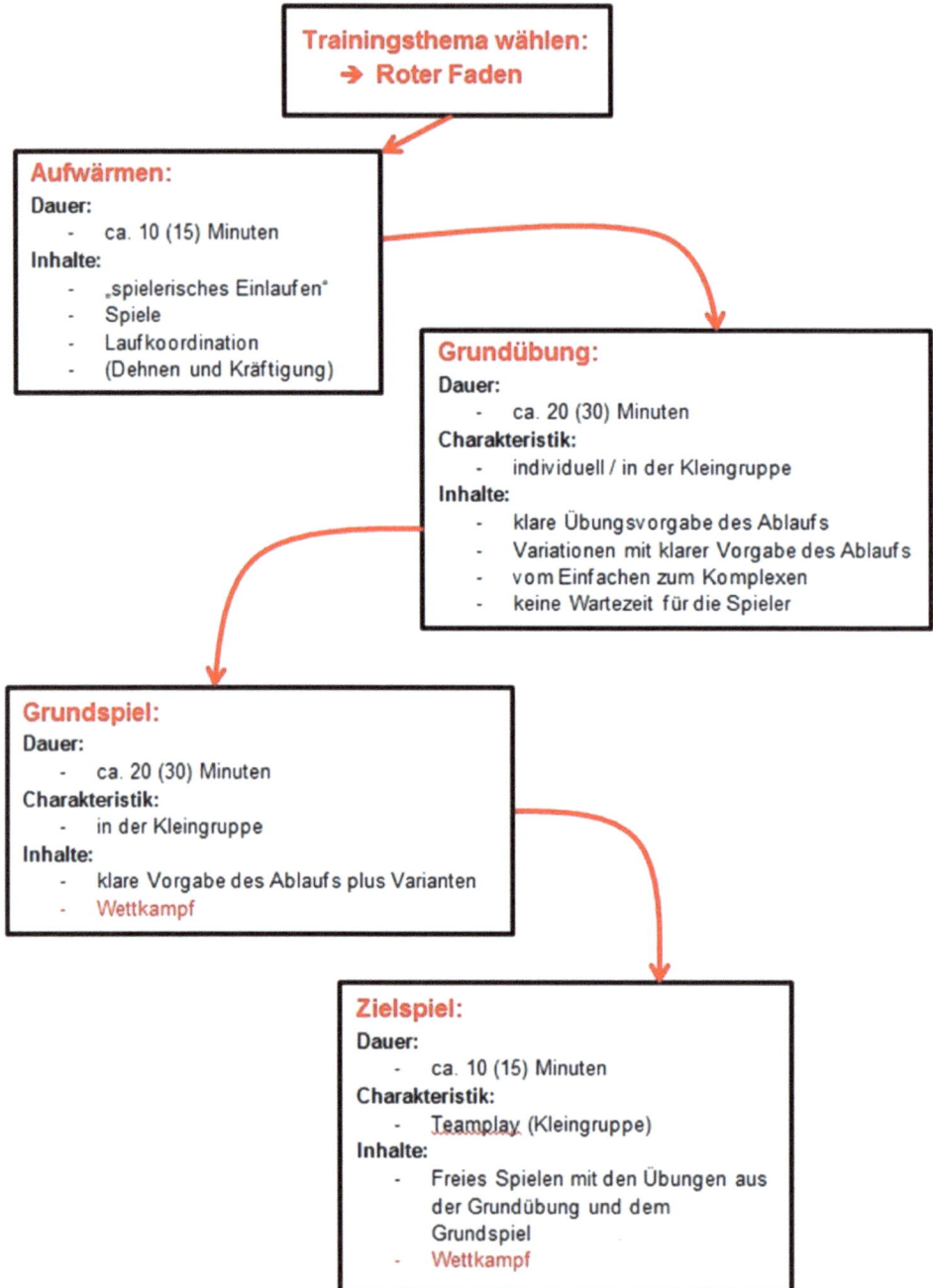

Trainingsthema wählen:
➔ Roter Faden

Aufwärmen:
Dauer:
- ca. 10 (15) Minuten

Inhalte:
- „spielerisches Einlaufen"
- Spiele
- Laufkoordination
- (Dehnen und Kräftigung)

Grundübung:
Dauer:
- ca. 20 (30) Minuten

Charakteristik:
- individuell / in der Kleingruppe

Inhalte:
- klare Übungsvorgabe des Ablaufs
- Variationen mit klarer Vorgabe des Ablaufs
- vom Einfachen zum Komplexen
- keine Wartezeit für die Spieler

Grundspiel:
Dauer:
- ca. 20 (30) Minuten

Charakteristik:
- in der Kleingruppe

Inhalte:
- klare Vorgabe des Ablaufs plus Varianten
- Wettkampf

Zielspiel:
Dauer:
- ca. 10 (15) Minuten

Charakteristik:
- Teamplay (Kleingruppe)

Inhalte:
- Freies Spielen mit den Übungen aus der Grundübung und dem Grundspiel
- Wettkampf

3. Die Rolle/Aufgaben des Trainers

Ein erfolgreiches Training hängt stark von der Person und dem Verhalten des Trainers ab. Es ist deshalb wichtig, im Training bestimmte Verhaltensregeln zu beachten, um den Erfolg des Trainings zu ermöglichen. Das soziale Verhalten des Trainers bestimmt den Erfolg in einem ebenso großen Maße wie die reine Fachkompetenz.

Der Trainer sollte
- der Mannschaft zu Beginn des Trainings eine kurze Trainingsbeschreibung und die Ziele bekannt geben.
- immer laut und deutlich reden.
- den Ort der Ansprache so wählen, dass alle Spieler die Anweisungen und Korrekturen hören können.
- Fehler erkennen und korrigieren. Beim Korrigieren Hilfestellung geben.
- den Schwerpunkt der Korrekturen auf das Trainingsziel legen.
- individuelle Fortschritte hervorheben und loben (dem Spieler ein positives Gefühl vermitteln).
- fördern und permanent fordern.
- im Training, bei Spielen, aber auch außerhalb der Sporthalle als Vorbild auftreten.
- gut vorbereitet und pünktlich zu Training und Spielen erscheinen.
- in seinem Auftreten immer Vorbild sein.

4. Legende zu den Trainingseinheiten:

✖   Hütchen

         Ballkiste

         Angreifer

         Abwehrspieler

         dünne Turnmatte

         dicke Weichbodenmatte

         kleine Turnkiste

         Medizinball

         Pommes (dünne Schaumstoffbalken)

         Turnbank / Langbank

         kleine Turnkiste (mit der offenen Seite nach oben)

         Turnreifen

         großer Turnkasten

Schwierigkeit:

★   Einfache Anforderung (alle Jugend- und Aktivenmannschaften)
★★   Mittlere Anforderung (geeignet ab C-Jugend bis Aktive)
★★★   Höhere Anforderung (geeignet ab B-Jugend bis Aktive)
★★★★   Intensive Anforderung (geeignet für Leistungsbereiche)

5. Trainingseinheiten

TE 1	Grundbewegungen in der Abwehr 1		★★	90

Startblock			Hauptblock					
X	Einlaufen/Dehnen			Angriff / individuell			Sprungkraft	
	Laufübung			Angriff / Kleingruppe		X	Sprintwettkampf	
X	Kleines Spiel			Angriff / Team			Torhüter	
	Koordination			Angriff / Wurfserie				
	Laufkoordination		X	Abwehr /Individuell			**Schlussblock**	
	Kräftigung		X	Abwehr / Kleingruppe		X	Abschlussspiel	
	Ballgewöhnung		X	Abwehr / Team			Abschlusssprint	
	Torhüter einwerfen			Athletiktraining				
				Ausdauertraining				

Benötigt:
- 2 Langbänke / Turnbänke
- ein großer Turnkasten
- 1 Kartenspiel
- 6 Hütchen
- eine kleine Turnkiste
- Kreismarkierung am Boden oder Markierungsband
- ausreichend Bälle

TE 1 - 1	Einlaufen/Dehnen	15	15

Aufbau:
- Es werden links und rechts des Feldes (halbes Spielfeld) zwei Turnbänke aufgestellt.

Ablauf:
- Die Spieler bewegen sich kreuz und quer in einer Hallenhälfte durcheinander. Dabei sollen verschiedene Laufvarianten durchgeführt werden (vorwärts, seitwärts, rückwärts/ mit Armkreisen…).
- Auf Signal des Trainers bleiben alle Spieler stehen. Der Trainer nennt eine Eigenschaft. Die Spieler, auf die die Eigenschaft zutrifft, sprinten zur linken Bank, die anderen zur rechten.
- Die Gruppe, bei der als letztes alle Spieler auf der Bank stehen, macht eine Zusatzaufgabe
  (z. Bsp. Hampelmänner)

Mögliche Eigenschaften:
- Mehr als einen Bruder oder Schwester.
- Geboren in der ersten Jahreshälfte.
- Haarfarbe blond.
- Jünger als Jahrgang (z.B. 2000).
- Adidas/Puma- Schuhe.

Gemeinsames Dehnen in der Gruppe.

TE 1 - 2	Sprintwettkampf	10	25

Aufbau:

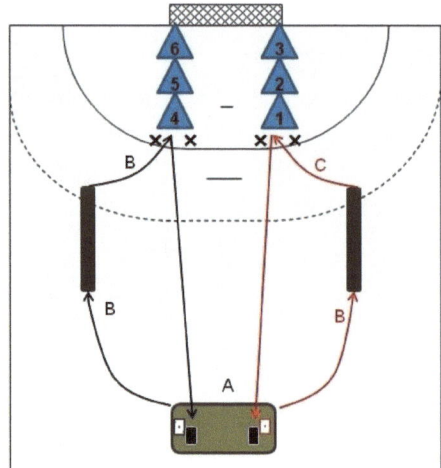

- An der Mittellinie wird ein großer Turnkasten aufgebaut. Zwei Kartenstapel mit der gleichen Anzahl Spielkarten werden auf ihm rechts und links abgelegt.
- Zwei Turnbänke werden zu beiden Seiten des Feldes längs aufgestellt.
- Je zwei Hütchen markieren die Startposition für die beiden Mannschaften.

Ablauf:

- Der erste Spieler jeder Mannschaft sprintet zum Kasten und schaut sich die oberste Karte von dem der Mannschaft zugehörigen Kartenstapel an. Entsprechend der Kartenfarbe führt er die jeweilige Aktion aus und klatscht den nächsten Mitspieler ab, der die nächste Karte abarbeitet.
- Welche Mannschaft hat ihren Kartenstapel zuerst erledigt?

Aufgaben je nach Kartenfarbe:

- Karo: auf Knien und Händen über die Turnbank krabbeln.
- Herz: zweimal unter der Turnbank hindurchkriechen.
- Pik: 4 Sprünge beidbeinig über die Turnbank.
- Kreuz: sich mit dem Bauch auf die Turnbank legen und mit 3 Zügen über die Turnbank ziehen.

TE 1 - 3	kleines Spiel	10	35

Benötigt:

- → 7 Spieler, ein Ball.

Ablauf:

- 5 Spieler setzen sich im Kreis auf den Boden. Sie passen sich einen Ball.
- (1) und (2) versuchen mit schneller Beinarbeit, diesen Ball herauszufangen.
- Wird der Ball herausgefangen oder kommt ein Pass nicht an, so wechselt der Passgeber mit dem Abwehrspieler, der bereits länger in der Abwehr arbeitet.

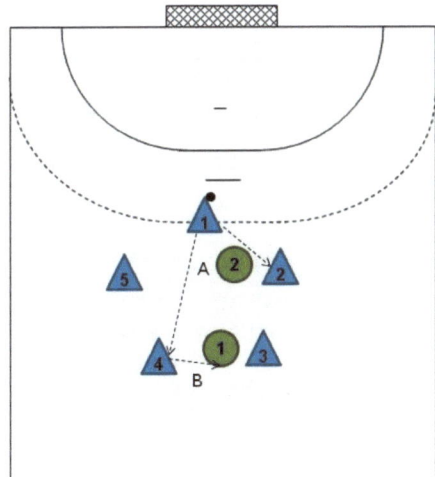

Variationen:

- die Spieler sitzen nicht, sondern stehen (auf einem Bein). In diesem Fall muss der Heber als Passvariante ausgeschlossen werden.

⚠ Der Angriff soll den Ball schnell spielen. Als Zusatzregel kann vereinbart werden, dass auch ein Spieler, der den Ball länger als 3 Sekunden in der Hand hält, mit dem Abwehrspieler wechseln muss.

⚠ Die Abwehr soll zusammenarbeiten und durch aktives Arbeiten mit Täuschungen, die Passgeber zu Fehlern zwingen.

⚠ Bälle nicht mit dem Fuß herausspielen.

TE 1 - 4	Abwehr / individuell	15	50

Aufbau:

- Je nach Spieleranzahl werden Hütchentore aufgestellt. Je ein Abwehrspieler (hier **1**, **2** bzw. **3**) verteidigt ein Hütchentor.

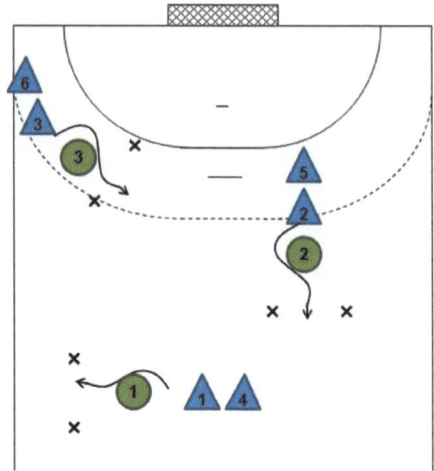

Ablauf:

- Die Angreifer (hier: ▲1, ▲2 und ▲3) versuchen, mit 1gegen1-Aktionen am Abwehrspieler vorbei durch das Hütchentor zu laufen.
- Die Abwehrspieler versuchen durch korrekte Abwehrhaltung und Beinarbeit, die Angreifer vom Ziel fernzuhalten (schieben und abdrängen).
- Nach der 1gegen1 Aktion wechseln die Angreifer im Kreis zum nächsten Hütchentor ▲1 zu **3**, ▲2 zu **1**, ▲3 zu **2**) und starten eine weitere 1gegen1 – Aktion.
- Weitere Angreifer reihen sich in die Kreisbewegung ein.

Gesamtablauf:

- 1. Runde: Angreifer arbeiten ohne Ball.
- 2. Runde: Angreifer versuchen, mit Ball am Abwehrspieler vorbei zu kommen.

⚠ Hütchentore entsprechend der Erfolge der Abwehrspieler immer wieder in der Größe anpassen.

⚠ Auf korrekte Abwehrhaltung und Beinarbeit in der Abwehr achten.

⚠ Abwehrspieler nach 2-3 Runden wechseln.

TE 1 - 5	Abwehr / Kleingruppe	10	60

Aufbau:

- Je nach Spieleranzahl werden Hütchentore aufgestellt. Je zwei Abwehrspieler (hier ❶ und ❷ bzw. ❸ und ❹) verteidigen gemeinsam ein Hütchentor gegen 2 Angreifer.

Ablauf:

- Die Angreifer (hier: ▲1 und ▲2 bzw. ❸ und ▲4) versuchen, durch Pässe und 1gegen1-Aktionen mit Ball durch das Hütchentor zu laufen.
- Die Abwehrspieler versuchen durch Absprachen, korrekte Abwehrhaltung und Beinarbeit, die Angreifer vom Ziel fernzuhalten.
- Nach der Aktion wechseln die Angreifer zum nächsten Hütchentor (▲1 und ▲2 zu ❸ und ❹ , ❸ und ▲4 zu ❶ und ❷) und starten eine weitere Aktion.
- Weitere Angreifergruppen stellen sich entsprechend an.

⚠ Hütchentore entsprechend der Erfolge der Abwehrspieler immer wieder in der Größe anpassen.

⚠ Auf korrekte Abwehrhaltung und Beinarbeit in der Abwehr achten.

⚠ Abwehrspieler nach 2-3 Runden wechseln.

TE 1 - 6	Abwehr / Team	10	70

Aufbau:

- Einen Kreis auf dem Hallenboden markieren oder einen bereits existierenden Kreis verwenden.

Ablauf:

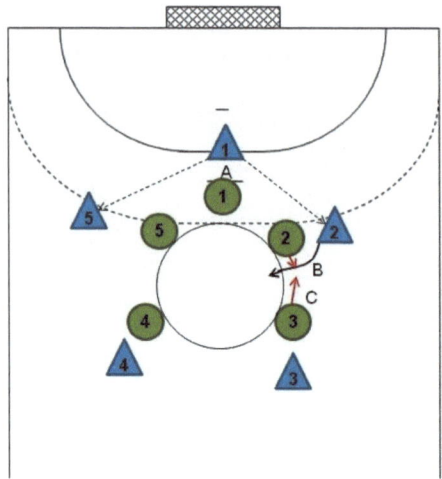

- Die Angreifer **1**, **2**, **3**, **4** und **5** versuchen durch schnelles Passspiel (A), stoßen und 1gegen1-Aktionen (B), mit Ball in den Kreis zu laufen/springen.
- Dabei sind nur Pässe zu den beiden benachbarten Angreifern erlaubt.
- Die Abwehrspieler **1**, **2**, **3**, **4** und **5** versuchen, den Durchbruch des Ballhalters zu verhindern (C).
- Jede Mannschaft startet 10 Aktionen, danach ist Aufgabenwechsel.

Variationen:

- Pässe über mehrere Stationen erlauben.

TE 1 - 7	Abwehr / Team	10	80

Aufbau:

- Einen Kreis auf dem Hallenboden markieren oder einen bereits existierenden Kreis verwenden.
- Einen kleinen Turnkasten in die Mitte des Kreises stellen.

Ablauf:

- Die Angreifer 1, 2, 3, 4 und 5 versuchen durch schnelles Passspiel (A), stoßen und 1gegen1-Aktionen (B), in Wurfposition zu kommen und den Kasten zu treffen (D).
- Dabei sind nur Pässe zu den beiden benachbarten Angreifern erlaubt.
- Ein Heber über die Abwehr auf die Kastenoberseite ist nicht erlaubt.
- Die Abwehrspieler 1, 2, 3, 4 und 5 versuchen, den Wurf Richtung Kasten zu verhindern.
- Jede Mannschaft startet 10 Aktionen, danach ist Aufgabenwechsel.

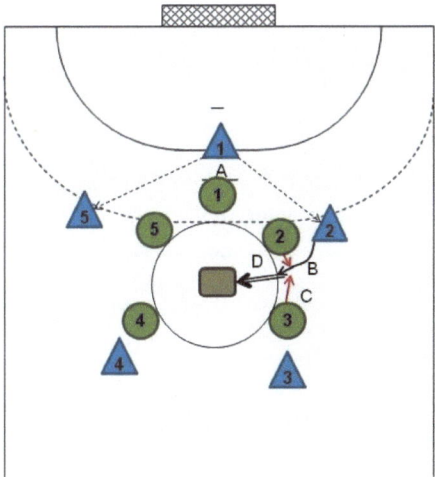

Variationen:

- Pässe über mehrere Stationen erlauben.
- Als Ziel Hütchen auf dem Kasten verwenden.

Wettkampf:

- Wer trifft bei 10 Angriffen den Kasten öfter.
- Verlierermannschaft muss eine vereinbarte Strafe ausführen (Liegestützen/ Sit-Ups).

TE 1 - 8	Abschlussspiel	10	90

Grundaufbau:

- Zwei Mannschaften bilden, die Handball gegeneinander spielen.

Ablauf:

- Es wird auf einer Hallenhälfte gespielt. Eine Mannschaft beginnt im Angriff. Wird ein Tor erzielt, bleibt die Mannschaft im Angriff und startet wieder von der Mittellinie; ansonsten wechseln die Aufgaben.
- Verlierermannschaft macht eine zuvor definierte Strafe (z. Bsp. Linienläufe/Steigerungsläufe).

TE 2	Grundbewegungen in der Abwehr 2		★★	90
Startblock	**Hauptblock**			
X Einlaufen/Dehnen	Angriff / individuell		Sprungkraft	
Laufübung	Angriff / Kleingruppe		Sprintwettkampf	
X Kleines Spiel	Angriff / Team		Torhüter	
Koordination	Angriff / Wurfserie			
Laufkoordination	X Abwehr /Individuell		**Schlussblock**	
Kräftigung	X Abwehr / Kleingruppe		X Abschlussspiel	
X Ballgewöhnung	X Abwehr / Team		Abschlusssprint	
X Torhüter einwerfen	Athletiktraining			
	Ausdauertraining			

Benötigt:
- 8 Hütchen
- Ballkiste mit ausreichend Bällen

TE 2 - 1	Einlaufen/Dehnen	15	15

Ablauf:
Die Spieler bewegen sich in 2er Gruppen frei in der Halle und passen sich dabei einen Ball. Laufrichtung immer wieder wechseln (vorwärts, rückwärts, seitwärts).
- Sprungwurfpässe
- Pässe mit der falschen Hand
- Lockeres Ankreuzen
- Versuchen, dabei einer anderen 2er Gruppe den Ball zu „klauen" (gelingt es, muss diese 2er Gruppe 10 Hampelmänner machen)

Selbständig / in der Gruppe dehnen.

| TE 2 - 2 | kleines Spiel | 10 | 25 |

Aufbau:

- Zwei gleich große Felder (**1** und **2**) definieren (abhängig von der Gruppengröße).

Ablauf:

Zwei Mannschaften spielen im begrenzten Raum (**Feld 1**) Parteiball nachfolgenden Vorgaben gegeneinander:

- Jeder Spieler (, , und) muss den Ball einmal gehabt und es müssen z.B. min. sechs Ballkontakte stattgefunden haben (A).
- Danach muss der Ball im gegenüberliegenden Feld (**2**) hinter der Hütchenlinie abgelegt werden (B).
- Jetzt wechselt der Ballbesitz (, , und) absolvieren die gleiche Aufgabe in **Feld 2**, mit dem Ziel, den Ball hinter der Hütchenlinie von **Feld 1** abzulegen.
- Schafft es eine Mannschaft, den Ball abzufangen, beginnt für sie der Ablauf in dem Feld, in dem sie den Ball gewonnen haben.

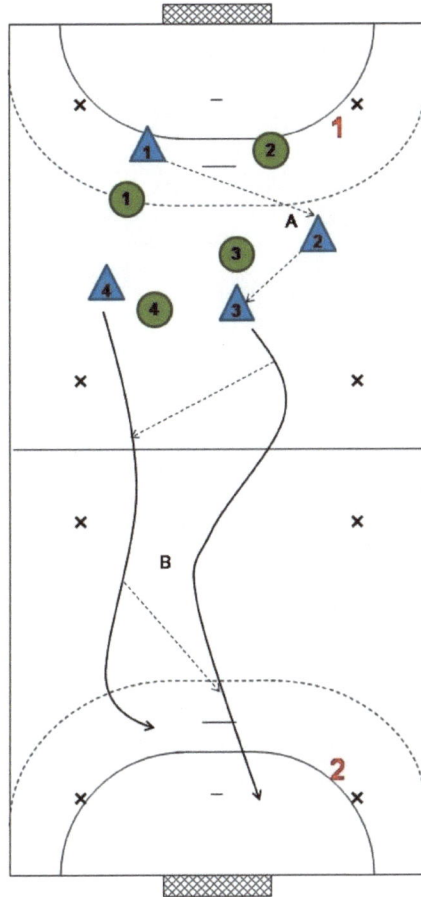

Variation:

- Prellen erlaubt.

⚠ Durch das schnelle Umschalten entsteht eine hohe Dynamik.

⚠ Alle Spieler müssen mit hoher Geschwindigkeit laufen, damit das Ziel (Ball ablegen/Ball gewinnen) erreicht werden kann.

TE 2 - 3	Ballgewöhnung	10	35

Benötigt:

- Je drei Spieler einen Ball.

Ablauf:

- 1 und 2 passen sich fortlaufend einen Ball zu (A).
- Sobald einer von beiden den Ball auf den Boden prellt (im Bsp. 1), macht 1 eine Abwehraktion gegen ihn (B).
- Danach passt 1 den Ball zu 2 (C) und 1 macht eine Abwehraktion gegen 2 (D).
- Danach zieht sich 1 wieder etwas auf die Seite zurück und 1 und 2 passen sich wieder den Ball zu.
- Usw. nach 4-5 Aktionen den Abwehrspieler tauschen.

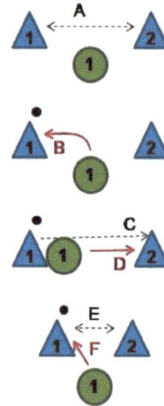

Variationen:

- Beide Spieler passen sich gleichzeitig zwei Bälle zu.
- 1 und 2 stellen sich enger zusammen und passen (E) sich einhändig zwei Bälle zu (den Ball immer nur mit einer Hand fangen, im Wechsel links und rechts und passen). Sobald einer der beiden seinen Ball aufprellt, muss 1 versuchen, diesen Ball heraus zu prellen (F).

| TE 2 - 4 | Torhüter einwerfen | 10 | 45 |

Ablauf:

- ▲1 spielt ⬤1 den Ball und bekommt ihn wieder in den Lauf zurückgespielt.

- ▲1 macht jetzt eine 1gegen1 Aktion gegen ⬤1 und versucht, nach rechts durchzubrechen (A).

- ⬤1 agiert gegen den Körper/Wurfarm und drängt ▲1 nach rechts ab (B).

- ▲1 spielt ▲2 den Ball in den Lauf (C). ▲2 läuft nach rechts um das Hütchen herum und schließt mit Wurf auf den kurzen Pfosten nach Vorgabe (hoch, halb, tief) (D) ab.

- Der Torhüter soll nicht schon am Pfosten stehen, sondern leicht versetzt und von dort den Ball halten (E).

- Nach dem Pass zu ▲2 (C) läuft ▲1 sofort nach links weg (F).

- Nachdem der Pass von ▲1 zu ▲2 erfolgt ist, startet ▲3 mit seiner Aktion.

- ▲3 spielt ⬤1 den Ball und bekommt ihn wieder in den Lauf zurückgespielt.

- ▲3 macht jetzt eine 1gegen1 Aktion gegen ⬤1 und versucht, nach links durchzubrechen (G).

- ⬤1 agiert gegen den Körper/Wurfarm und drängt ▲3 nach links ab (H).

- ▲3 spielt ▲1 den Ball in den Lauf (J). ▲1 läuft nach links um das Hütchen herum und schließt mit Wurf auf den kurzen Pfosten nach Vorgabe (hoch, halb, tief) (K) ab.

- Der Torhüter agiert wieder leicht versetzt aus der Mitte heraus (L).

- Nach dem Pass zu ▲1 (J) läuft ▲3 sofort nach rechts weg (M), usw.

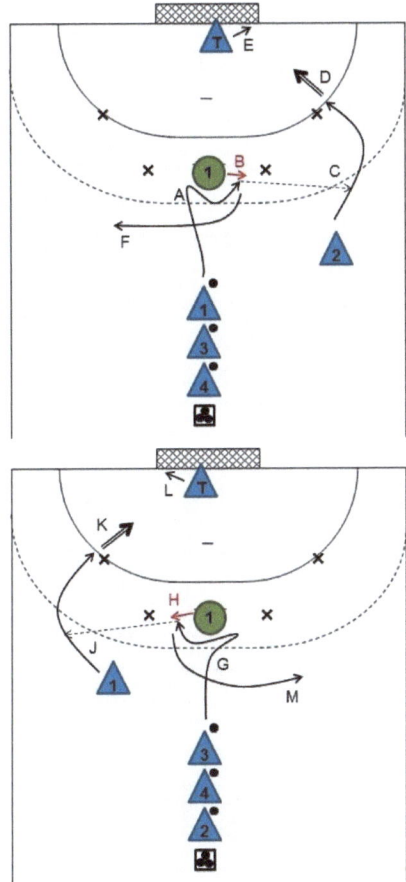

⚠ Den Ablauf so timen, dass der Torhüter genug Zeit hat, sich nach jedem Wurf wieder in die Ausgangsposition zu stellen.

⚠ ⬤1 soll mit hoher Dynamik gegen die Angreifer agieren, jedoch den Pass zulassen.

Grundablauf:
- Nach dem Wurf über außen (D und K) sofort zurücklaufen, einen neuen Ball holen und sich wieder anstellen, damit für den Abwehrspieler und den Torhüter eine lange Serie entsteht.

TE 2 - -5	Abwehr / individuell	15	60

Ablauf:

- ▲1 startet den Ablauf mit einem Pass zu ①, läuft los und bekommt den Ball zurück und macht eine 1gegen1 Aktion gegen ① (A). ① muss versuchen, den Durchbruch von ▲1 durch die Hütchen zu verhindern.

- Nach dieser Aktion passt ▲1 den Ball zu ① und ▲1 wird zum neuen Abwehrspieler.

- ① passt den Ball zu ②, bekommt den Rückpass in den Lauf gespielt und macht eine 1gegen1 Aktion gegen ② (B).

- ① passt den Ball nach der Aktion zu ②.

- ② passt den Ball zu ③, bekommt den Rückpass in den Lauf gespielt und macht eine 1gegen1 Aktion gegen ③ (C).

- ② passt ③ den Ball in den Lauf, der in den Konter startet und nach ein paar Metern den Ball zu einem Angreifer ohne Ball spielt (hier ▲3).

- ▲3 läuft danach weiter, bekommt vom 2. Torhüter den Ball in den Lauf gespielt (E), macht eine 1gegen1 Aktion gegen ④ und schließt mit Wurf ab (F).

- Nach der Aktion startet ④ sofort und läuft mit hohem Tempo in die andere Spielhälfte und stellt sich wieder an (G).

- ▲3 wird zum neuen Abwehrspieler.

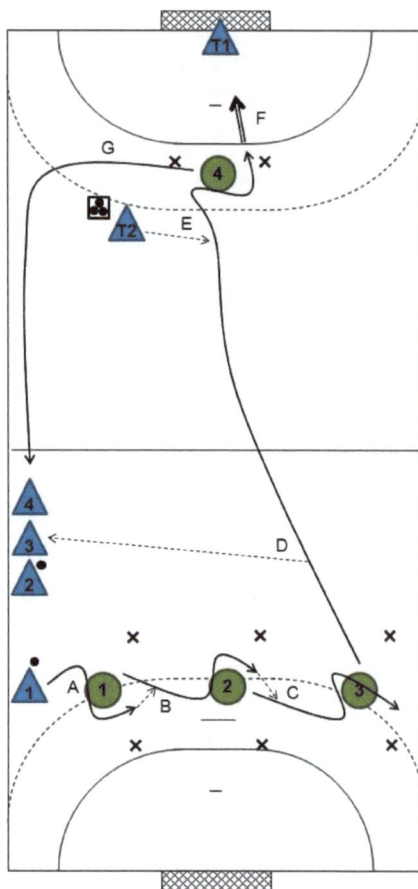

⚠ Die Abwehrspieler sollen mit Bein- und Armarbeit den Durchbruch verhindern und mit hoher Dynamik agieren.

Grundsätzliche Ablauf:

- Sobald ② seine Aktion gegen ③ abgeschlossen hat (C), startet ▲2 mit der Aktion gegen ▲1 usw.
- Jeder Spieler macht in einer Runde 4 Angriffs- und 4 Abwehraktionen. Je Durchbruch gegen ihn macht er am Ende, nachdem er sich wieder angestellt hat (G) 5 Liegestützen.

TE 2 - 6	Abwehr / Kleingruppe / Team	20	80

Ablauf:

- ▲1 bringt den Ball ins Spiel (A).

- ●1 und ●2 müssen nun versuchen, den Torwurf von ▲2 und ▲3, bzw. das Anspiel zu ▲6 zu verhindern.

- ▲2, ▲3 und ▲6 haben für ihren Angriff nur 8 Pässe Zeit.

- ▲1 und ▲7 fungieren dabei als Anspielstationen, zählen aber jeweils als ein Pass.

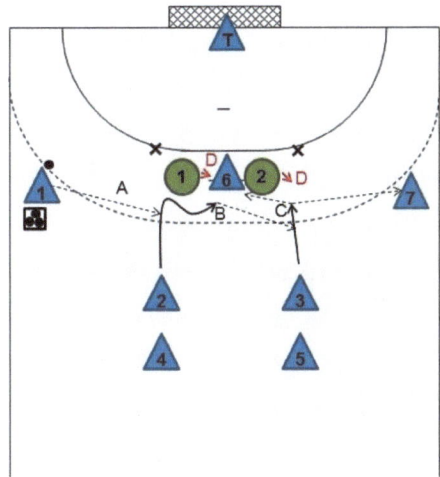

Grundsätzlicher Ablauf:

- Gelingt es der Abwehr, den Ball abzufangen oder nach Ablauf der Pässe kein Tor bekommen zu haben, wechseln die Aufgaben:

  - ○ ●1 und ●2 werden zu den Anspielern.
  - ○ ▲2 und ▲3 gehen in die Abwehr.
  - ○ ▲1 und ▲7 stellen sich im Angriff an.
  - ○ ▲4 und ▲5 starten mit der nächsten Aktion.

- Gelingt dem Angriff ein Tor, bleibt die Aufstellung bestehen und ▲2 und ▲3 bekommen einen neuen Angriff. Erzielen sie drei Tore hintereinander, machen die Abwehrspieler 10 Liegestützen.

Erweiterung:

- Auf 4 gegen 4 erweitern. Drei Angreifer im Rückraum plus Kreisläufer.
- Der grundsätzliche Ablauf bleibt bestehen. Kann die Abwehr das Tor verhindern, wechseln die Aufgabenbereiche.

⚠ Die Abwehrspieler sollen mit hoher Dynamik agieren und mit schneller Beinarbeit die Angreifer und in Absprache den Kreisläufer abdecken (D).

| TE 2 - 7 | Abschlussspiel | 10 | 90 |

Grundaufbau:
- Zwei gleiche Mannschaften (5gegen5 oder 6gegen6) bilden, die Handball gegeneinander spielen.
- Zwei Halbzeiten zu je 5 Minuten spielen, mit einer kurzen Pause dazwischen.
- Die Mannschaften sollen mit hoher Dynamik/Tempo spielen.

Ablauf:
- Gelingt es dem Angriff, innerhalb von 8 Pässen (ab der Mittellinie) ein Tor zu erzielen, bekommen sie einen neuen Angriff ab der Mittellinie (beim 2. Angriff gilt die 8 Pässe-Regel dann nicht mehr).
- Freies Spiel.

Verlierermannschaft macht eine zuvor definierte „Strafe" (z. Bsp. Hampelmänner, Steigerungsläufe).

TE 3	Grundbewegungen in der Abwehr 3		★★	90

Startblock		Hauptblock				
X	Einlaufen/Dehnen		Angriff / individuell		Sprungkraft	
	Laufübung		Angriff / Kleingruppe		Sprintwettkampf	
X	Kleines Spiel		Angriff / Team		Torhüter	
	Koordination		Angriff / Wurfserie		**Schlussblock**	
X	Laufkoordination	X	Abwehr /Individuell			
	Kräftigung		Abwehr / Kleingruppe	X	Abschlussspiel	
X	Ballgewöhnung	X	Abwehr / Team		Abschlusssprint	
X	Torhüter einwerfen		Athletiktraining			
			Ausdauertraining			

Benötigt:
- 5 Hütchen
- 6 dünne Turnmatten
- 6 Pommes
- 2 Ballkisten mit ausreichend Bällen
- Je Spieler ein Seil

TE 3 - 1	Einlaufen/Dehnen	15	15

Ablauf:
- Zwei Spieler laufen gemeinsam durch die Halle und passen sich einen Ball zu.
- Laufrichtung (vorwärts, rückwärts, seitwärts) und Laufbewegung (Hopserlauf, Sidesteps, Knie anziehen) immer wieder ändern.
- Normale Pässe/Sprungwurf-Pässe, Pässe mit der falschen Hand.
- Schattenlaufen, ein Spieler macht eine Bewegung vor, der andere muss sie nachmachen.

- Gemeinsames dehnen in der Gruppe, immer abwechseln eine Übung vormachen.

TE 3 - 2	kleines Spiel	10	25

Ablauf:

- Ein Punkt wird erzielt, wenn ein auf der Matte stehender Mitspieler angespielt (A) wird.
- Berührt ein Gegenspieler die Matte (B), zählt der Punkt nicht und es wird weitergespielt.
- Es darf geprellt werden.

Aufgabe/Ziel:

- Die Angreifer versuchen, 10 Punkte zu erzielen. Schaffen sie es, müssen die Verteidiger z.B. 10 Liegestützen machen.
- Pass von Matte zu Matte ist nicht zulässig, es muss immer zuerst die Matte verlassen werden.

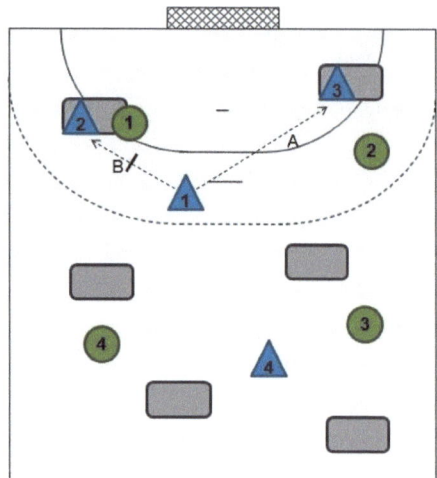

Variationen:

- ohne Prellen.
- kein Rückpass erlaubt.
- Sprungwurfpass.
- Pass mit der falschen Hand.

TE 3 - 3	Laufkoordination	10	35

Gesamtablauf:

Die Spieler führen als Gruppe die einzelnen Übungen nacheinander aus:

Dünne Turnmatten (A)

- Die Spieler springen (2 Runden) mit je einem Kontakt pro Fuß über die Matten (E). Auf hohe dynamische Sprünge achten!
- 2 Runden mit je einem Kontakt pro Matte (F).
- 2 Runden hohe Froschsprünge (Ausgangsposition jeweils aus der tiefen Hocke). Von der vorderen Kante der Matte mit einem hohen Sprung (Füße dabei anziehen) bis zur hinteren Kante. Dann mit einem kurzen Hüpfer von der einen auf die andere Matte hüpfen, danach wieder ein hoher Hüpfer zur Kante (G).
- 2 Runden hohe und weite Froschsprünge. Auf jeder Matte soll nur ein Kontakt (beidbeinig) erfolgen (H).

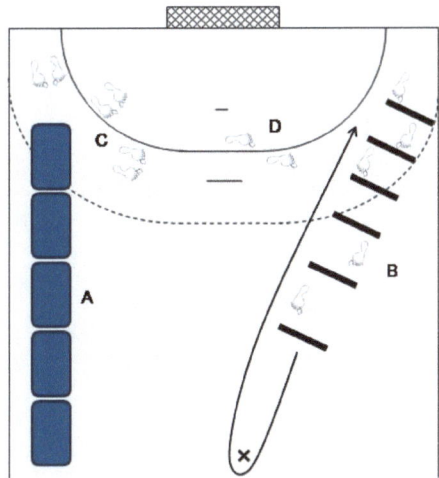

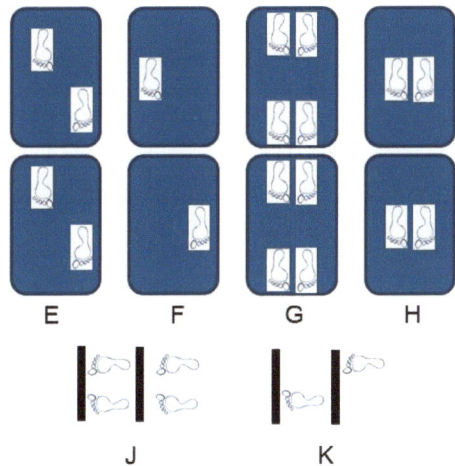

Laufkoordination mit Pommes (B):

Pommesbahn aufbauen mit zunächst engem Abstand, dann schnell größer werdend (B):

- 3* mit je zwei Kontakten zwischen den Pommes (J) durch die Pommesbahn (Abstand erst eng, dann schnell größer werdend) laufen. Nach der letzten Pommes einen Sprint bis zum Hütchen und wieder zurück anziehen.
- 3* mit je einem Kontakt zwischen den Pommes (K) laufen. Nach der letzten Pommes einen Sprint bis zum Hütchen und wieder zurück anziehen.

Seilspringen um den 6 Meter Kreis (es wird immer abwechselnd links & rechts von der Linie gesprungen:

- 1. Runde: Beidbeinig (C).
- 2. Runde: nur mit dem linken Bein (D).
- 3. Runde: nur mit dem rechten Bein.

TE 3 - 4	Ballgewöhnung	10	45

Ablauf:

- Hinter jedes Hütchen 2 Spieler.

- ▲1 und ▲2 starten gleichzeitig mit ▲3 und ▲4.

- Jeweils zwei Pässe parallel im Lauf (A + B), danach Pass (C) in die Gegengruppe, die seitlich etwas versetzt läuft (Reisverschlusssystem), so dass eine Verzahnung entsteht.

- Drei weitere Pässe (D, E und F), bis der Ball wieder am Ausgangspunkt ist.

- Warten, bis die andere Gruppe auch bereit ist, dann wiederholt sich der Ablauf.

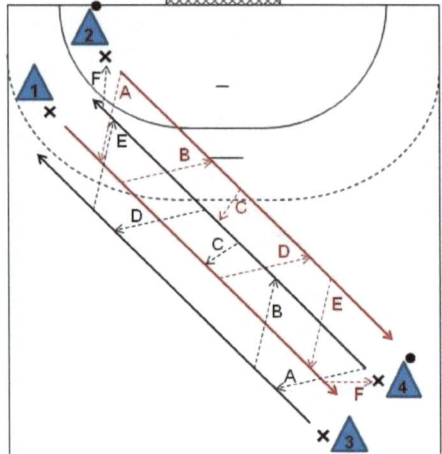

Variationen:

- Geschwindigkeit steigern.
- Bodenpass.

⚠ Hohe Anforderung an die Konzentration, da zuerst einem Mitlaufenden und dann einem Entgegenlaufenden der Ball gepasst wird. Timing beim Pass in die Gegengruppe muss stimmen.

| TE 3 - 5 | Torhüter einwerfen | 10 | 55 |

Ablauf:

- ▲1 läuft dynamisch nach vorne und macht dabei eine Wurfausholung mit dem Arm (A).

- ●1 geht in der Abwehrbewegung nach vorne und attackiert den Wurfarm (B) und drückt ▲1 nach hinten weg.

- Direkt nach der Aktion wirft ▲2 ein Leibchen auf den Boden. ●1 muss nun versuchen, das Leibchen zu fangen, bevor es auf dem Boden aufkommt (C).

- ▲2 sprintet zur Ballkiste, holt sich einen neuen Ball und stellt sich wieder an (D).

- ▲1 lässt sich nach der ersten Aktion rückwärts zurücksinken, umläuft das Hütchen (E) und wirft danach nach Vorgabe auf das Tor (F).

- ▲1 wird danach zum neuen Abwehrspieler und ●1 wirft das Leibchen.

- Etwas zeitversetzt startet ▲3 auf der anderen Seite mit dem gleichen Ablauf (G).

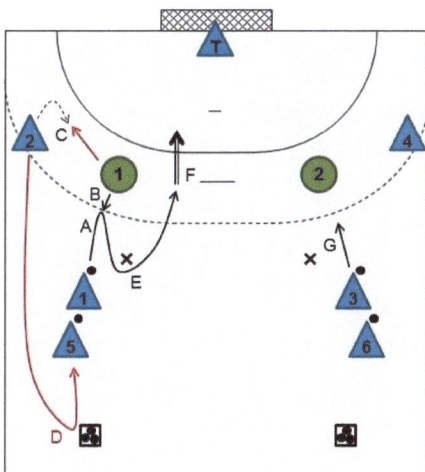

⚠ Auf die richtige Körperhaltung von ●1 achten. Wurfarm und Hüfte attackieren.

⚠ ▲1 soll in der ersten Aktion Körperdruck auf ●1 erzeugen, so dass ▲1 mit Kraft zurückgeschoben wird.

⚠ Das Leibchen so werfen, dass ●1 es mit schnellen Schritten gerade noch so erreichen kann.

TE 3 - 6	Abwehr / individuell	15	70

Ablauf:

- 4 Gruppen je 2 Spieler bilden.

Wiederholungszeit:

- 4 Min. (1 Min. Pause).
- Während der Pause wechseln die Spieler die Station (Station 3 wird einmal als Angreifer und einmal als Abwehrspieler absolviert).

Station 1:

- 3 sprintet mit Blickrichtung zur Mittellinie zwischen den Hütchen vor- und rückwärts (A) zur Ballkiste und holt sich einen Ball.

- 3 prellt danach dynamisch Richtung Tor und wirft aus dem Sprungwurf heraus von 9 Meter auf das Tor.

- Nach dem Wurf zieht sich 3 sofort rückwärts zur Ballkiste zurück, holt den zweiten Ball, prellt wieder dynamisch nach vorne und wirft erneut aus dem Sprungwurf heraus auf das Tor (B).

- Danach startet 4 den gleichen Ablauf usw.

- Für jeden nicht getroffenen Wurf machen die Spieler z.B. 5-10 Liegestützen/Sit-Ups.

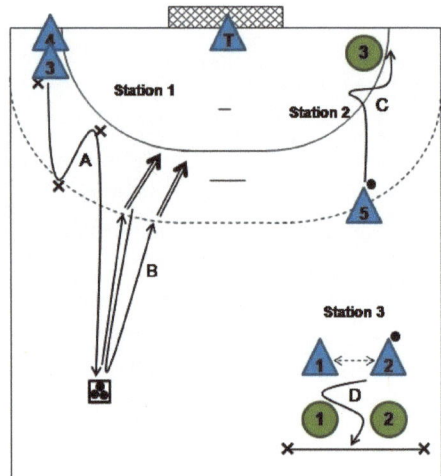

Station 2:

- 5 versucht nach Rückpass von 3 dynamisch im 1gegen1 vorbeizugehen (C).

- Nach dieser ersten Aktion lässt sich 5 sofort zurückfallen und wiederholt den Ablauf.
  Wichtig: Keine Pause zwischen den beiden Aktionen.

- Danach Aufgabenwechsel, usw.

Station 3:

- 1 und 2 spielen im 2gegen2 gegen 1 und 2 mit dem Ziel, den Ball hinter der Linie abzulegen (D).

| TE 3 - 7 | Abwehr / Team | 10 | 80 |

Ablauf Abwehr:

- Die 4 Abwehrspieler versuchen durch schnelle Seitwärts-Bewegungen und aktives Herausschieben der Angreifer, den Wurf/Durchbruch zu verhindern.
- Die Sperre von ▲6 aktiv bekämpfen.

Ablauf Angreifer:
Entweder:

- Nach Pass von ▲1 versuchen die drei Angreifer (▲2, ▲3 und ▲4) durch dynamisches Stoßen auf die Nahstellen (rote Bereiche) zwischen den Abwehrspielern eine Lücke zu finden (A).

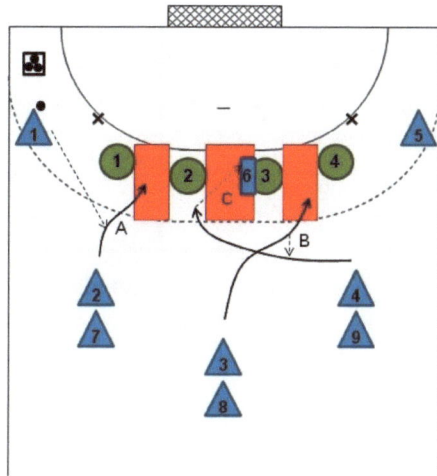

Oder:

- ▲3 stößt dynamisch zwischen ●3 und ●4.
- ▲4 nimmt die Kreuzbewegung (B) an und stößt dynamisch Richtung ●2.
- ▲6 stellt bei ●3 eine Sperre.
- Wenn die Abwehr defensiv bleibt, wirft ▲4 aus dem Sprungwurf heraus.
- Tritt ●2 heraus und ▲6 steht in der Sperre, erfolgt der Pass zu ▲6 (C).

⚠ Angreifer sollen nicht lange vor der Abwehr spielen, sondern sofort mit einer dynamischen Aktion auf die Nahstellen starten.

⚠ Sobald die erste Dreiergruppe (▲2, ▲3 und ▲4) mit ihrer Aktion fertig ist, starten ohne Pause die nächsten drei Spieler (▲7, ▲8 und ▲9).

| TE 3 - 8 | Abschlussspiel | 10 | 90 |

Grundaufbau:
- Zwei Mannschaften bilden, die Handball gegeneinander spielen.
- Beide Mannschaften stehen defensiv im 6:0.

Ablauf:
- Die Abwehr muss durch dynamisches Heraustreten ein Tor durch eine 1gegen1 Aktion verhindern. Die Abwehr soll kompakt stehen und schnell schieben.
- Gelingt dem Angriff ein Tor aus dem 1gegen1 muss die abwehrende Mannschaft sofort 10 Liegestützen machen und darf danach erst weiterspielen.

TE 4	Grundbewegungen in der Abwehr 4		★★★	90

Startblock		Hauptblock				
X	Einlaufen/Dehnen			Angriff / individuell			Sprungkraft	
	Laufübung			Angriff / Kleingruppe		X	Sprintwettkampf	
X	Kleines Spiel			Angriff / Team			Torhüter	
	Koordination			Angriff / Wurfserie			**Schlussblock**	
X	Laufkoordination		X	Abwehr /Individuell				
	Kräftigung		X	Abwehr / Kleingruppe		X	Abschlussspiel	
X	Ballgewöhnung			Abwehr / Team			Abschlusssprint	
X	Torhüter einwerfen			Athletiktraining				
				Ausdauertraining				

Benötigt:
- 6 Hütchen
- 6 Turnreifen
- 6 Pommes (oder Koordinationsleiter)
- 6 kleine Turnkisten

TE 4 - 1	Einlaufen/Dehnen	15	15

Ablauf:
- 2-3 Spieler mit einem Ball bilden eine Gruppe und laufen kreuz und quer durch die Halle und passen sich den Ball zu.
- Laufrichtung immer wieder ändern, der Ballführende (prellt ein paar Meter) gibt die Laufrichtung (vorwärts-/rückwärts- oder seitwärts) vor, die beiden anderen müssen die Laufbewegung nachmachen.
- Gemeinsames Dehnen in der Gruppe.

TE 4 - 2	kleines Spiel	10	25

Ablauf:

Die Spieler verteilen sich gleichmäßig auf die beiden Spielfelder, hier im Beispiel jeweils sechs Spieler pro Feld.

- ①, ②, ③ und ④ legen sich bäuchlings auf den Boden (Sternform, mit Blickrichtung in die Mitte).

- ② ist Fänger (B).

- ① versucht durch schnelles Hakenschlagen, das Fangen zu verhindern (A).

- Wenn ① einen liegenden Spieler (z.B. ①) überspringt (C), wird dieser zum neuen Fänger und muss versuchen, ② zu fangen (D). ① legt sich sofort an die Stelle von ①.

- Sollte es einem Fänger (②) gelingen, den weglaufenden Spieler (①) zu fangen, bevor dieser einen Spieler überspringt (z. Bsp. ①), wechseln die Rollen und der Gejagte wird zum Fänger.

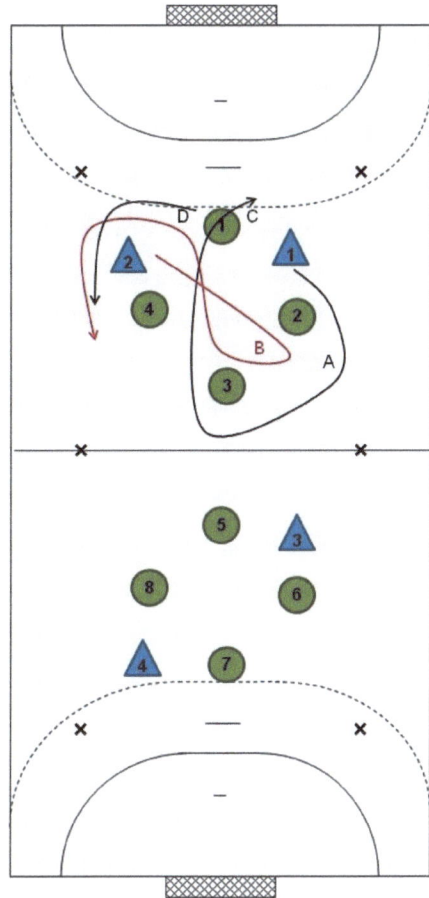

Die Gruppe im anderen Feld macht den gleichen Ablauf.

⚠ Die Gruppen nicht zu groß wählen, da sonst eine zu lange Zeit vergeht, bis die einzelnen Spieler „an der Reihe" sind.

⚠ Sofortiges Umschalten zwischen Liegen, Fangen und Gefangenwerden einfordern (kurze Reaktionszeit, ständig wechselnde Aufgaben).

TE 4 - 3	Ballgewöhnung	10	35

Ablauf:

- Es wird immer eine Station ausgelassen: ▲1 passt zu ▲3, ▲3 passt zu ▲5, ▲5 passt zu ▲2 und ▲2 passt zu ▲4 usw.
- Es wird sich immer dort angestellt, wohin gepasst wurde, aber außen herum (▲1 passt zu ▲3 und läuft um ▲2 herum (A), um sich bei ▲3 anzustellen).
- ▲3 passt zu ▲5 und läuft außen um ▲4 herum (B) und stellt sich bei ▲5 wieder an.

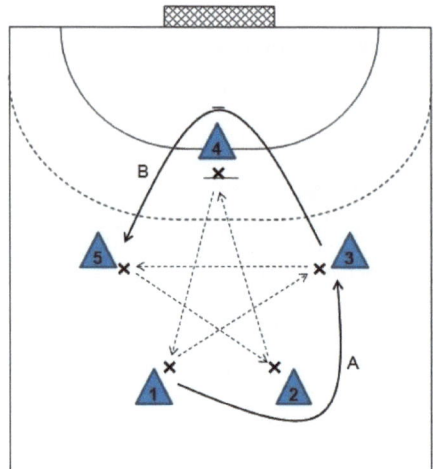

Variation:

- 2. Ball (▲1 und ▲2 haben je einen Ball und fangen gleichzeitig mit dem Ablauf an).
- rechtsherum/linksherum laufen und passen.
- Ball rechtsherum spielen, linksherum laufen und umgekehrt (hohe Dynamik!).

TE 4 - 4	Torhüter einwerfen	10	45

Ablauf:

- 🔺1 läuft mit Ball an und hebt den Wurfarm zum Wurf (A).

- ① läuft 🔺1 dynamisch entgegen und drängt ihn in der Abwehraktion zurück (ca. 0,5 Meter) (B).

- ① lässt sich sofort nach der Aktion gegen 🔺1 wieder auf die Ausgangsposition zurücksinken.

- Nach dem zurückgedrängt werden, startet 🔺1 Richtung Tor und wirft nach Vorgabe (C).

- Jetzt startet 🔺2 auf der anderen Seite mit dem gleichen Ablauf (D).

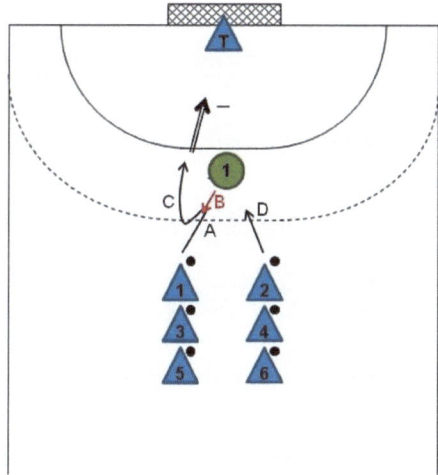

⚠ Darauf achten, dass ① richtig in der Abwehrhaltung agiert (Wurfarm und diagonal die Hüfte attackieren).

⚠ Die Spieler müssen ① ausreichend Zeit geben, damit er wieder auf die Ausgangsposition zurücksinken kann.

⚠ ① soll den Spieler dynamisch zurückdrücken, nicht „fest machen".

TE 4 - 5	Laufkoordination	5	50

Ablauf:

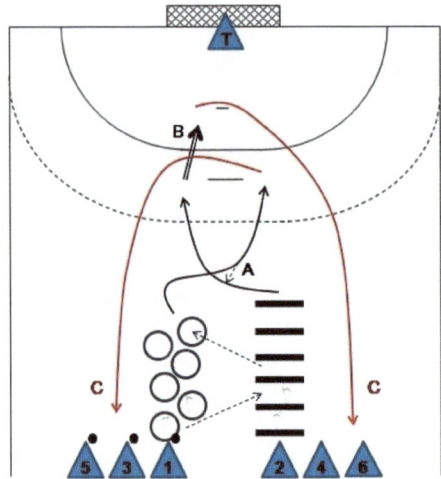

- ▲1 (mit Ball) und ▲2 starten gleichzeitig und durchlaufen jeweils ihre Bahn (Reifen oder Pommes) nach Vorgabe und passen sich dabei den Ball zweimal zu.

- Am Ende der Bahn zieht ▲1 nach rechts und kreuzt ▲2 an und spielt ihm den Ball (A).

- ▲2 wirft (B) aus dem Sprungwurf heraus auf das Tor.

- Danach sprinten beide im Bogen zur gegenüberliegenden Gruppe und stellen sich dort wieder an (C).

Laufvarianten:

- Mit jedem Fuß (links und rechts) in den Reifen (zwischen zwei Pommes) treten.
- Schnelles Durchlaufen, jeweils nur ein Fußkontakt pro Reifen (Pommes).
- Nur auf dem linken/rechten Bein springen (hüpfen).

⚠ Die ersten Bahnen noch etwas langsamer durchlaufen, danach die Geschwindigkeit bis zur Höchstgeschwindigkeit steigern.

TE 4 - 6	Abwehr / individuell	10	60

Ablauf:

- ▲1 startet mit Ball eine 1gegen1 Aktion gegen ●1 (A) und versucht, an ihm vorbei zu prellen bzw. vorbei zu gehen und mit Wurf abzuschließen.

- Nach dieser 1. Aktion läuft ●1 mit schnellen Schritten zurück an den 6 Meter Kreis und dann wieder nach vorne, um ▲2 am Durchbruch zu hindern (B). ▲2 soll schnell mit seiner 1gegen1 Aktion starten (C), aber ●1 so viel Zeit lassen, dass er sich in die richtige Position stellen kann.

- Nach der 2. Aktion läuft ●1 wieder mit schnellen Schritten zurück an den 6 Meter Kreis und dann wieder nach vorne (D), um ▲3 am Durchbruch zu hindern (E).

- Danach sofort ein neuer Abwehrspieler usw.

⚠ ●1 soll die Angreifer durch schnelle Beinarbeit und Armeinsatz vor sich halten. Nicht klammern, sondern immer wieder zurückdrängen.

⚠ Zuerst den Angreifer sichern und dann versuchen, den Ball herauszuspielen.

TE 4 - 7	Sprintwettkampf	5	65

Ablauf:

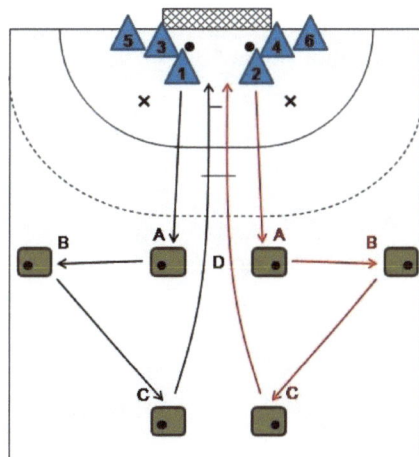

- ▲1 und ▲2 starten auf Kommando gleichzeitig, sprinten zur 1. Kiste und legen ihren Ball hinein und nehmen den sich darin befindenden Ball heraus (A).

- ▲1 und ▲2 sprinten weiter zur nächsten Kiste und tauschen wiederum die Bälle aus (B).

- Nach dem Tausch an der dritten Kiste (C), erfolgt der Sprint zurück (D) und der Ball wird an den nächsten Spieler übergeben.

Variationen:

- mit/ohne prellen.
- Seitwärts-/Rückwärtsbewegungen.
- Laufvorgaben verändern, kurze/lange Wege.

TE 4 - 8	Abwehr / Kleingruppe	15	80

Aufbau:

- 2 und 3 spielen 2gegen2 gegen 1 und 2, 1 und 4 dienen als Anspielstationen (A).

Ablauf 1 (Bild 1):

- 2 und 3 versuchen durch dynamisches Stoßen und mit 1gegen1 Aktionen, die beiden Abwehrspieler auszuspielen (B oder C).
- Wenn sich die Angreifer festlaufen oder „zugemacht" werden, ziehen sie sich sofort zurück und beginnen die Aktion von neuem.
- Die Angreifer halten zuerst ihre Positionen, ohne zu kreuzen.
- Nach Torwurf starten die nächsten beiden Angreifer.
- Regelmäßig die Abwehrspieler wechseln.

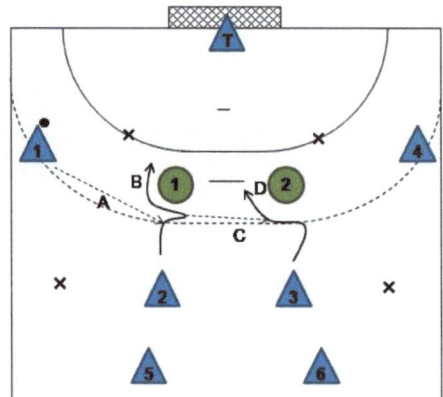

Bild 1

Ablauf 2 (Bild 2):

- 2 und 3 versuchen durch Kreuzbewegungen (F) nach Pass von den Anspielern (E), zum Abschluss zu kommen.

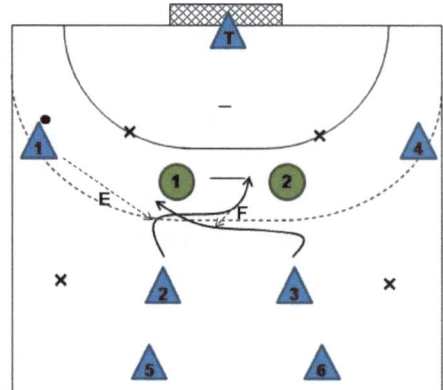

Bild 2

⚠ Die Angreifer sollen nach max. 1-2 Pässen dynamisch auf die Abwehr zugehen und den Abschluss suchen.

⚠ Die Abwehrspieler gehen den Angreifern dynamisch entgegen und attackieren sie.

⚠ 1 und 2 müssen bei der Kreuzbewegung der Angreifer intensiv miteinander reden und das Übergeben der Angreifer „besprechen".

TE 4 - 9	Abschlussspiel	10	90

Ablauf:

- 🔺1 versucht im 1gegen1 an ●1 vorbeizulaufen und sich einen Ball aus der Kiste zu holen (A), die im Mittelkreis steht.
- Schafft es ●1, den Angreifer drei Sekunden „fest zu machen", lässt er ihn los.
- Schafft es 🔺1 über die Hütchenlinie (B) zu gelangen, lässt ●1 ihn den Ball holen.
- 🔺1 holt sich nach der ersten Aktion einen Ball aus der Kiste, passt zu 🔺T2, bekommt den Rückpass (C) und wirft auf das Tor (D).
- Danach sprintet 🔺1 sofort zurück und stellt sich wieder an (E). Hat er kein Tor aus der Aktion erzielt = Liegestützen/Sit-Ups.
- 🔺2 startet, sobald sich 🔺1 den Ball aus der Kiste geholt hat, mit seiner Aktion.
- Usw.

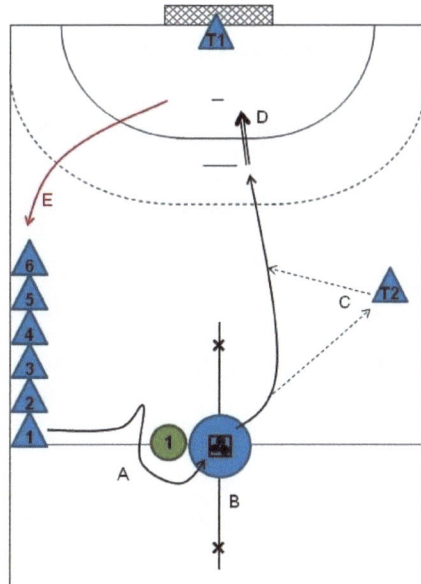

⚠️ Die Angreifer sollen direkt bei ●1 vorbeilaufen und nicht einen großen Bogen schlagen. Die 1gegen1 Aktion soll gesucht werden.

⚠️ Die 1gegen1 Aktionen der einzelnen Angreifer sollen schnell hintereinander ausgeführt werden.

⚠️ ●1 macht zwei Runden, danach Wechsel des Abwehrspielers.

TE 5	Dynamische Vorwärts-/Seitwärtsbewegung		★★★		90
Startblock		**Hauptblock**			
X	Einlaufen/Dehnen		Angriff / individuell		Sprungkraft
	Laufübung		Angriff / Kleingruppe		Sprintwettkampf
X	Kleines Spiel		Angriff / Team		Torhüter
	Koordination		Angriff / Wurfserie		
X	Laufkoordination	X	Abwehr /Individuell		**Schlussblock**
	Kräftigung	X	Abwehr / Kleingruppe		Abschlussspiel
X	Ballgewöhnung	X	Abwehr / Team		Abschlusssprint
X	Torhüter einwerfen		Athletiktraining		
			Ausdauertraining		

Benötigt:
- Koordinationsleiter (oder Pommes / Schaumstoffbalken)
- 4 Hütchen
- Ballkiste mit ausreichend Bällen
- 2 Weichbodenmatten

TE 5 - 1	Einlaufen/Dehnen	20	20

Ablauf:
- Alle Spieler laufen sich selbständig 10 Minuten in der Halle ein.

Ablauf 2 (Bild):
- Die Spieler stellen sich mit Blick zum Trainer mit genügend Abstand auf.
- Die Spieler laufen nach Ansage des Trainers entweder nach rechts, links, vorne oder hinten.
- Damit es nicht zu einfach ist und der Kopf gefordert wird, werden die Richtungen ersetzt.

z.B.:

Links: rot – 1 – Apfel

Rechts: blau – 2 – Birne

Vorne: gelb – 3 – Pflaume

Hinten: grün – 4 – Banane

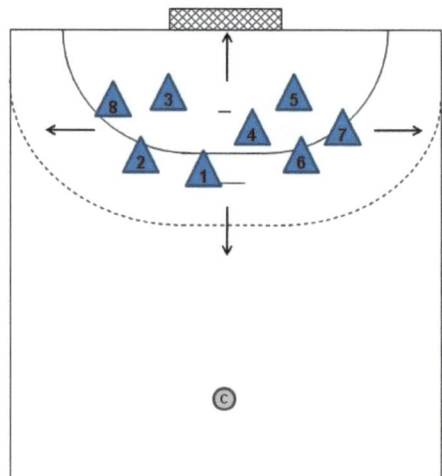

Zunächst mit einer Varianten beginnen, dann eine Zweite hinzunehmen, usw.

Variation:
- Die Beispiele oben mischen (Ansage: rot – 3 – gelb – Pflaume).

Gemeinsames Dehnen in der Gruppe.

TE 5 - 2	kleines Spiel	10	30

Ablauf:

Zwei Mannschaften spielen eine Rugby-Variante gegeneinander. Der Ball muss nachfolgenden Regeln auf der Matte abgelegt werden:

- Ball darf nur nach hinten gespielt werden.
- Ohne Prellen, freies Laufen, es dürfen beliebig viele Schritte mit dem Ball in der Hand gemacht werden.
- Jede Mannschaft verteidigt eine Matte.

⚠ Optimal geeignet als Aufwärmspiel als Vorübung für eine Abwehr-Trainingseinheit (Steigerung der Aggressivität).

⚠ Die Abwehrspieler müssen sich gegenseitig helfen, nur gemeinsam kann ein Angreifer gestoppt werden.

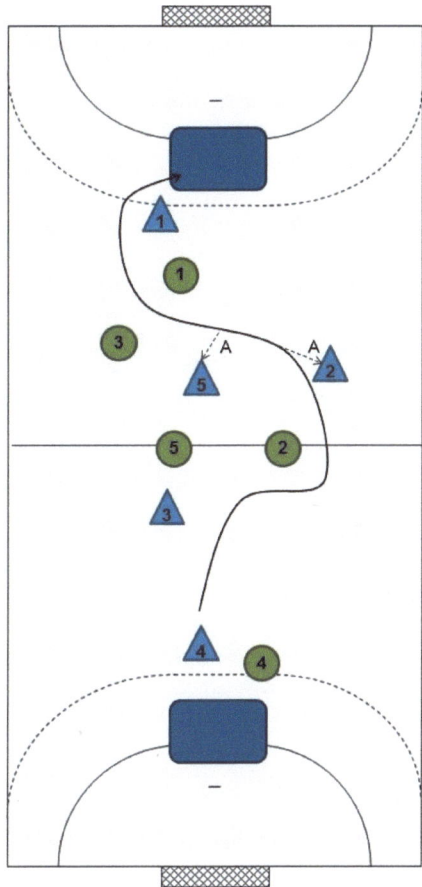

TE 5 - 3	Laufkoordination	10	40

Aufbau:

- Koordinationsleiter auf den Boden legen und eine Ziellinie in einiger Entfernung definieren.
- Zwischen den Spielern müssen immer min. 2 (besser 3) Zwischenräume der Koordinationsleiter frei sein.

Fußbewegung:

- Li. Fuß ein Feld nach li., re. Fuß ins Feld nachziehen.
- Re. Fuß wieder ins Ausgangsfeld, li. Fuß nachziehen.
- Re. Fuß ein Feld nach rechts, li. Fuß nachziehen.
- Li. Fuß ins Ausgangsfeld; rechter Fuß nachziehen.
- Usw.

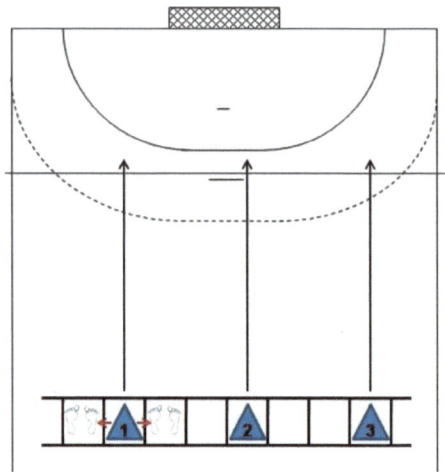

Ablauf:

- Die drei Spieler starten gleichzeitig mit der Schrittfolge.
- Auf Kommando sprinten sie bis zur definierten Linie. Der Verlierer muss z.B. Liegestützen, Strecksprünge oder Sit-Ups machen.
- Danach kommen sie wieder zurück und bilden eine neue (3er) Gruppe.
- Usw.

Variation:

- Bei der Schrittfolge in der Koordinationsleiter einen Ball um die Hüften kreisen lassen.

handball-uebungen.de
Trainingseinheiten und Übungen für Ihr Training!

TE 5 - 4	Ballgewöhnung	10	50

Ablauf:

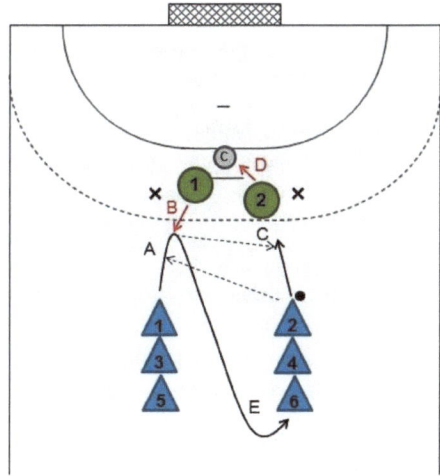

- ① stößt an und bekommt von ② den Ball in den Lauf gespielt (A).

- ① kommt dynamisch nach vorne und attackiert ①(B). (Der Ball soll aber noch spielbar bleiben).

- ① passt zu ②, der ebenfalls anstößt (C) und von ② attackiert wird.

- Nach der jeweiligen Abwehraktion, lassen sich ① und ② sofort wieder zurücksinken und klatschen dem Trainer in die Hand (D), um dann wieder dynamisch in die Abwehraktion nach vorne zu gehen (B).

- ① lässt sich rückwärts zurückfallen und stellt sich auf der anderen Seite wieder an (E).

- Usw.

⚠ Die Abwehrspieler sollen in schnellen Seitwärtsschritten raustreten und wieder nach hinten sinken.

⚠ Auf korrekte Abwehrhaltung achten (Schrittstellung).

| TE 5 - 5 | Torhüter einwerfen | 10 | 60 |

Ablauf:

- 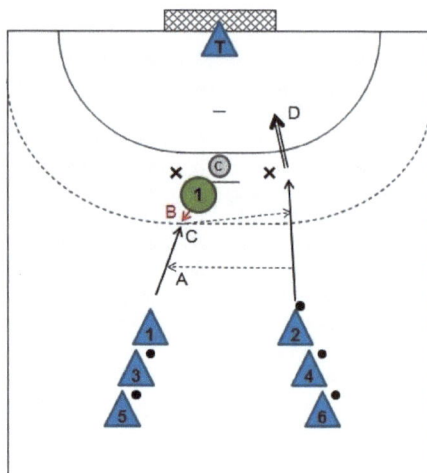 stößt mit Ball an und spielt den Ball in den Lauf (A).

- stößt dynamisch an.

- tritt deutlich in der korrekten Abwehrhaltung heraus (Arme gehen Richtung Wurfarm und Hüfte) (B). soll so attackiert werden, dass er noch passen kann.

- passt den Ball in den Lauf (C), der nach Vorgabe auf das Tor wirft (D).

- Nach dem Pass zu (C) läuft sofort rückwärts nach hinten zurück und stößt dynamisch wieder nach vorne.

- Nach der Aktion nach vorne (B) lässt sich sofort seitwärts nach hinten sinken, klatscht dem Trainer in die Hand, geht dynamisch wieder nach vorne und attackiert (E).

- stößt dynamisch an und spielt den Ball in den Lauf (F), der aus dem Lauf nach Vorgabe abschließt (G).

- Danach wiederholt sich der Vorgang auf die andere Seite (H) usw.

Bild 1

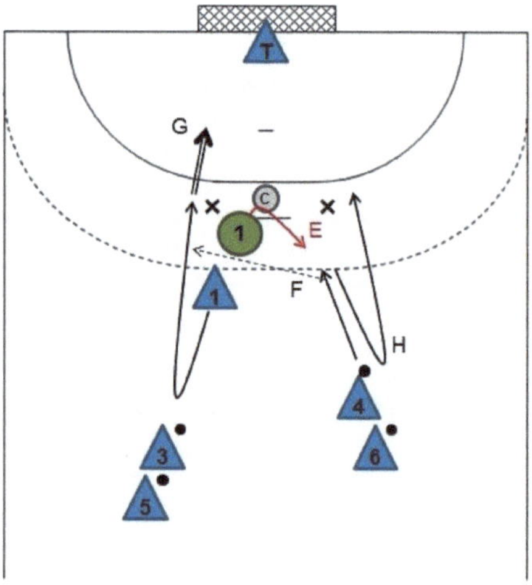

Bild 2

⚠️ Auf dynamisches Heraustreten und Zurücksinken des Abwehrspielers achten (richtige Armhaltung).

⚠️ Die Angreifer sollen ihre Aktion dem Tempo des Abwehrspielers anpassen und eventuell verzögern.

TE 5 - 6	Abwehr / individuell	10	70

Ablauf:

- ▲1 macht nach einem Pass-/Rückpass mit ●1 (A) eine 1gegen1 Aktion gegen ●1.
- Die Auftaktbewegung ist nach rechts, um dann nach links wegzuziehen und den Ball ▲4 in den Lauf zu spielen (B).
- ▲4 wirft aus dem Sprungwurf (C).
- ●2 bleibt defensiv stehen und versucht in Absprache mit dem Torhüter, den Ball zu blocken.
- Nach der Aktion startet sofort ▲2 und macht den gleichen Ablauf auf die andere Seite (mit einer

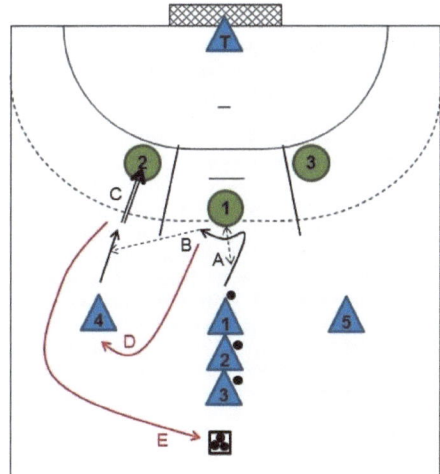

Täuschbewegung nach links, wegziehen nach rechts und Pass ▲5 in den Lauf).
- Usw.
- Nach der Aktion stellt sich ▲1 sofort auf RL an (D). ▲4 holt sich einen neuen Ball und stellt sich auf RM an (E).

⚠ ●1 soll seine Abwehraktion so gestalten, dass der Ball auf jeden Fall zu ▲4/ ▲5 gespielt werden kann. Erst nur heraustreten, später den Pass zunehmend erschweren.

⚠ ●2 und ●3 sollen im defensiven Block zusammen mit dem Torhüter Absprachen treffen. Wer deckt welche Ecke?

| TE 5 - 7 | Abwehr / Kleingruppe | 10 | 80 |

Grundaufbau:

- ▲2 und ▲3 spielen 2 gegen 2 gegen ●2 und ●3.
- ▲1 und ▲4 sind Anspielstationen.

Ablauf:

- ▲2 und ▲3 sollen durch dynamisches Zusammenspiel im Stoßen/Gegenstoßen (A und B) oder durch Kreuzbewegungen (C) versuchen, zum Abschluss zu kommen.
- ●2 und ●3 arbeiten aggressiv in Seitwärts- und Vorwärtsbewegung.

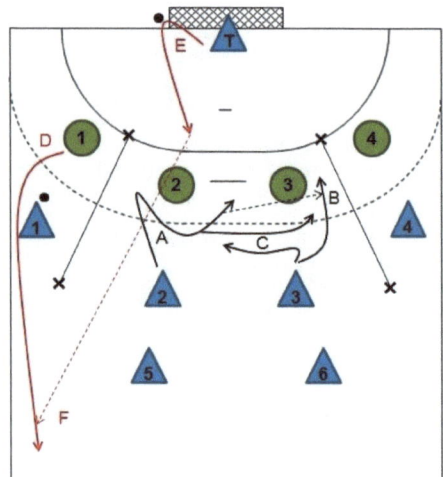

⚠ Deutliche Absprachen müssen erfolgen.

- Sobald der Angriff in der finalen Aktion Richtung Tor zieht, startet ●1 in die Konterbewegung (D).
- Der Torhüter holt nach Abschluss von ▲2 und ▲3 oder Ballverlust, zügig den Ball (E) und leitet mit einem langen Ball den Konter ein (F).
- ●1 schließt den Konter auf der anderen Seite (2. Torhüter) ab, kommt zügig wieder zurückgelaufen und stellt sich wieder auf seine Ausgangsposition in der Abwehr.
- ▲5 und ▲6 starten mit ihrer Aktion.
- Sobald sie final Richtung Tor gehen, startet ●4 in den Konter, usw.

⚠ ●1 und ●4 sollen den Angriff beobachten und in deren finale Aktion den eigenen Konter starten. (Schnelles Umschalten zwischen Abwehr und Angriff).

⚠ Dauert die Angriffsaktion zu lange, erfolgt vom Trainer ein akustisches Signal und ●1 startet in den Konter (D).

⚠ ●2 und ●3 sollen versuchen, ein Durchbrechen oder Torwurf zu verhindern, so dass der Trainer das Signal zum Konter geben muss, oder der Ball gewonnen wird.

TE 5 - 8	Abwehr / Team	10	90

Grundaufbau:

- ▲2 ▲3 ▲4 und ▲6 spielen 4gegen4 gegen ●2 ●3 ●4 und ●5.

- ▲1 und ▲5 sind Anspielstationen.

Ablauf:

- ▲2, ▲3, ▲4 und ▲6 sollen durch freies Spiel versuchen, zum Abschluss zu kommen.
- ●2, ●3, ●4 und ●5 arbeiten aggressiv in Seitwärts- und Vorwärtsbewegung
  Deutliche Absprachen müssen

  bei der Übergabe von ▲6 erfolgen.
- Sobald der Angriff in der finalen Aktion Richtung Tor zieht, starten ●1 und ●6 in die Konterbewegung (A).
- Der Torhüter holt zügig den Ball (B) und leitet mit einem langen Ball den Konter ein (C).
- ●1 oder ●6 schließt den Konter auf der anderen Seite (2. Torhüter) ab und kommt zügig wieder zurückgelaufen.
- Gelingt es der Abwehr, den Ball herauszufangen, bzw. gelingt dem Angriff (▲2, ▲3, ▲4 und ▲6) kein Tor, erhält die Abwehr (●1, ●2, ●3, ●4, ●5 und ●6) einen Punkt. Gelingt zusätzlich ein Tor durch den Konter, erhält die Abwehr einen weiteren Punkt. Schafft der Angriff ein Tor, erhält er einen Punkt.
- Nach jedem Angriff erfolgt ein Aufgabenwechsel zwischen Abwehr und Angriff.

Ziel:

- Welche Mannschaft erzielt zuerst 10 Punkte?
- Verlierermannschaft muss Liegestützen/Sit-Ups absolvieren.

⚠ Beide Außenspieler sollen in die finale Aktion der Angreifer bereits in den Konter starten.

⚠ Die Abwehr soll mit hoher Dynamik in der Seitwärts- und Vorwärtsbewegung in der korrekten Abwehrhaltung (Wurfarm/Hüfte) agieren.

6. Über den Autor

JÖRG MADINGER, geboren 1970 in Heidelberg

Juli 2014 (Weiterbildung): **3-tägiger DHB Trainerworkshop** "Grundbausteine Torwartschule"
Referenten: Michael Neuhaus, Renate Schubert, Marco Stange, Norbert Potthoff, Olaf Gritz, Andreas Thiel, Henning Fritz

Mai 2014 (Weiterbildung): 3-tägige DHTV/DHB Trainerfortbildung im Rahmen des VELUX EHF FinalFour
Referenden: Jochen Beppler (DHB Trainer), Christian vom Dorff (DHB Schiri), Mark Dragunski (Trainer TuSeM Essen), Klaus-Dieter Petersen (DHB Trainer), Manolo Cadenas (Nationaltrainer Spanien)

Mai 2013 (Weiterbildung): 3-tägige DHTV/DHB Trainerfortbildung im Rahmen des VELUX EHF FinalFour
Referenden: Prof. Dr. Carmen Borggrefe (Uni Stuttgart), Klaus-Dieter Petersen (DHB Trainer), Dr. Georg Froese (Sportpsychologe), Jochen Beppler (DHB Stützpunkttrainer), Carsten Alisch (Nachwuchstrainer Hockey)

seit Juli 2012: Inhaber der DHB A-Lizenz

seit Februar 2011: Vereinsschulungen, Coaching im Trainings- und Wettkampfbetrieb

November 2011: Gründung Handball Fachverlag (handall-uebungen.de, Handball Praxis und Handball Praxis Spezial)

Mai 2009: Gründung der Handball-Plattform handball-uebungen.de

2008-2010: Jugendkoordinator und Jugendtrainer bei der SG Leutershausen

seit 2006: B-Lizenz Trainer

Anmerkung des Autors
1995 überredete mich ein Freund, mit ihm zusammen das Handballtraining einer männlichen D-Jugend zu übernehmen.

Dies war der Beginn meiner Trainertätigkeit. Daraufhin fand ich Gefallen an den Aufgaben eines Trainers und stellte stets hohe Anforderungen an die Art meiner Übungen. Bald reichte mir das Standardrepertoire nicht mehr aus und ich begann, Übungen zu modifizieren und mir eigene Übungen zu überlegen.

Heute trainiere ich mehrere Jugend- und Aktivmannschaften in einem breit gefächerten Leistungsspektrum und richte meine Trainingseinheiten gezielt auf die jeweilige Mannschaft aus.

Seit einigen Jahren vertreibe ich die Übungen über meinen Onlineshop handball-uebungen.de. Da die Tendenz im Handballtraining, vor allem im Jugendbereich, immer mehr in Richtung einer allgemeinen sportlichen Ausbildung mit koordinativen Schwerpunkten geht, eignen sich viele Spiele und Spielformen auch für andere Sportarten.

Lassen Sie sich inspirieren von den verschiedenen Spielideen und bringen Sie auch Ihre eigene Kreativität und Erfahrung ein!

Ihr
Jörg Madinger

7. Weitere Fachbücher des Verlags DV Concept

Von A wie Aufwärmen bis Z wie Zielspiel – 75 Übungsformen für jedes Handballtraining

Ein abwechslungsreiches Training erhöht die Motivation und bietet immer wieder neue Anreize, bekannte Bewegungsabläufe zu verbessern und zu präzisieren. In diesem Buch finden Sie Übungen zu allen Bereichen des Handballtrainings vom Aufwärmen über Torhüter einwerfen bis hin zu gängigen Inhalten des Hauptteils und Spielen zum Abschluss, die Sie in ihrem täglichen Training mit Ihrer Handballmannschaft inspirieren sollen. Alle Übungen sind bebildert und in der Ausführung leicht verständlich beschrieben. Spezielle Hinweise erläutern, worauf Sie achten müssen.

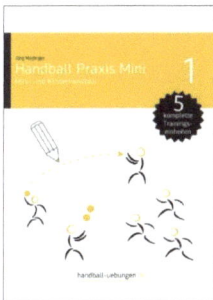

Mini- und Kinderhandball (5 Trainingseinheiten)

Mini- bzw. Kinderhandball unterscheidet sich grundlegend vom Training höherer Altersklassen und erst recht vom Handball in Leistungsbereichen. Bei diesem ersten Kontakt mit der Sportart „Handball" sollen die Kinder an den Umgang mit dem Ball herangeführt werden. Es soll der Spaß an der Bewegung, am Sport treiben, am Spiel miteinander und auch am Wettkampf gegeneinander vermittelt werden.

Das vorliegende Buch führt zunächst kurz in das Thema und die Besonderheiten des Mini- und Kinderhandballs ein und zeigt dabei an einigen Beispielübungen Möglichkeiten auf, das Training interessant und abwechslungsreich zu gestalten.

Passen und Fangen in der Bewegung - 60 Übungsformen für jedes Handballtraining

Passen und Fangen sind zwei Grundtechniken im Handball, die im Training permanent trainiert und verbessert werden müssen. Die vorliegenden 60 praktischen Übungen bieten viele Varianten, um das Passen und Fangen anspruchsvoll und abwechslungsreich zu trainieren. Ein besonderer Fokus liegt dabei darauf, die Sicherheit beim Passen und Fangen auch in der Bewegung mit hoher Dynamik zu verbessern. Deshalb werden die Übungen mit immer neuen Laufwegen und spielnahen Bewegungen gekoppelt.

Effektives Einwerfen der Torhüter - 60 Übungsformen für jedes Handballtraining

Das Einwerfen der Torhüter ist in nahezu jedem Training notwendiger Bestandteil. Die vorliegenden 60 Übungen zum Einwerfen bieten hier verschiedene Ideen, um das Einwerfen sowohl für Torhüter als auch für die Feldspieler anspruchsvoll und abwechslungsreich zu gestalten. Ein besonderer Fokus liegt dabei darauf, schon beim Einwerfen die Dynamik der Spieler zu verbessern.

Wettkampfspiele für das tägliche Handballtraining - 60 Übungsformen für jede Altersstufe

Handball lebt von schnellen und richtig getroffenen Entscheidungen in jeder Spielsituation. Dies kann im Training spielerisch und abwechslungsreich durch handballnahe Spiele trainiert werden. Die vorliegenden 60 Übungsformen sind in sieben Kategorien unterteilt und schulen die Spielfähigkeit.

Folgende Kategorie beinhaltet das Buch: Parteiball-Varianten, Mannschaftsspiele auf verschiedene Ziele, Fangspiele, Sprint- und Staffelspiele, Wurf- und Balltransportspiele, Sportartübergreifende Spiele, Komplexe Spielformen für das Abschlussspiel.

Abwechslungsreiches Wurftraining im Handball - 60 Übungsformen für jede Altersstufe

Der Wurf ist ein zentraler Baustein des Handballspiels, der durch regelmäßiges Training immer wieder erprobt und verbessert werden muss. Deshalb ist es immer wieder sinnvoll, Wurfserien im Training durchzuführen. Die vorliegende Übungssammlung bietet 60 verständliche, leicht nachzuvollziehende praktische Übungen zu diesem Thema, die in jedes Training integriert werden können.

Die Übungen sind in sechs Kategorien und drei Schwierigkeitsstufen unterteilt: Technik, Wurfübungen auf feste Ziele, Wurfserien mit Torwurf, Positionsspezifisches Wurftraining, Komplexe Wurfserien, Wurfwettkämpfe.

Taschenbücher aus der Reihe Handball Praxis

Handball Praxis 1 – Handballspezifische Ausdauer

Handball Praxis 2 – Grundbewegungen in der Abwehr

Handball Praxis 3 – Erarbeiten von Auslösehandlungen und Weiterspielmöglichkeiten

Handball Praxis 4 – Intensives Abwehrtraining im Handball

Handball Praxis 5 – Abwehrsysteme erfolgreich überwinden

Handball Praxis 6 – Grundlagentraining für E- und D- Jugendliche

Handball Praxis 7 – Handballspezifisches Ausdauertraining im Stadion und in der Halle

Handball Praxis 8 – Spielfähigkeit durch Training der Handlungsschnelligkeit

Handball Praxis 9 – Grundlagentraining im Angriff für die Altersstufe 9-12 Jahre

Handball Praxis Spezial 1 – Schritt für Schritt zur 3-2-1 Abwehr

Handball Praxis Spezial 2 – Schritt für Schritt zum erfolgreichen Angriffskonzept gegen eine 6-0 Abwehr

Weitere Handball Fachbücher und eBooks unter: www.handball-uebungen.de